El Clima y el tiempo

Carla Mooney

Rourke
Educational Media

rourkeeducationalmedia.com

Teacher Notes available at
rem4teachers.com

www.rourkeeducationalmedia.com

PHOTO CREDITS: Cover and Title Page © Игорь Гончаренко; Table of Contents © Bruce Rolff; Page 4 © NOAA; Page 4/5 © Vitalez; Page 6 © NOAA, Robert Adrian Hillman; Page 7 © Christian Lopetz, Wildstyle; Page 8 © Zhabska Tetyana; Page 9 © NOAA; Page 10 © NOAA; Page 11 © Jason York, NOAA; Page 12 © Zhabska Tetyana; Page 12/13 © sebikus; Page 13 © andrea crisante; Page 15 © Jay Spooner, © Chris Hepburn, © Ricardo Reitmeyer; Page 14/15 © Steshkin Yevgeniy; Page 16 © sdecoret, courtesy of the Library of Congress; Page 17 © Christian Lopetz, Wildstyle; Page 18 © NOAA, Carolina K. Smith, M.D.; Page 19 © Vladislav Gurfinkel; Page 20/21 © Dave Newman; Page 22 © Iwona Grodzka; Page 23 © Lisa F. Young, tonyz20; Page 24 © Anton Balazh; Page 25 © NOAA; Page 24/25 © Pichugin Dmitry; Page 26 © Peel, M. C., Finlayson, B. L., and McMahon, T. A.; Page 27 © Peel, M. C., Finlayson, B. L., and McMahon, T. A.; Page 28 © cla78; Page 29 © Christian Lopetz; Page 30 © NOAA; Page 31 © NOAA; Page 30/31 © igor1308; Page 32 © Christian Lopetz; Page 32/33 © Gunnar Pippel; Page 35 © tomtsya; Page 34/35 © Pablo H Caridad, noaa; Page 37 © NOAA; Page 36/37 © Croato; Page 38 © NOAA; Page 39 © NOAA, © Mark Hilverda; Page 41 © NOAA; Page 40/41 © NOAA; Page 42 © NOAA, U.S. Air Force; Page 43 © NOAA; Page 44 courtesy of NASA; Page 45 © Lew Robertson

Edited by Precious McKenzie

Cover design by Tara Raymo
Layout: Blue Door Publishing, FL
Editorial/Production Services in Spanish
by Cambridge BrickHouse, Inc.
www.cambridgebh.com

Mooney, Carla
El climate y el tiempo / Carla Mooney
(Exploremos la ciencia)
ISBN 978-1-63155-074-4 (hard cover - Spanish)
ISBN 978-1-62717-289-9 (soft cover - Spanish)
ISBN 978-1-62717-476-3 (e-Book - Spanish)
ISBN 978-1-61810-258-4 (soft cover)
Library of Congress Control Number: 2014941379

Printed in China, FOFO I - Production Company
Shenzhen, Guangdong Province

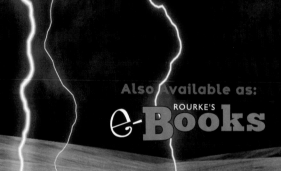

Also Available as:
ROURKE'S
e-Books

Rourke
Educational Media

rourkeeducationalmedia.com

customerservice@rourkeeducationalmedia.com • PO Box 643328 Vero Beach, Florida 32964

Contenido

CAPÍTULO UNO

Elementos del tiempo

Mira por la ventana. ¿Está soleado o nublado, está frío o caliente? Todos los días, la gente pregunta sobre el tiempo.

El tiempo es cómo describimos los acontecimientos diarios en la **atmósfera**. El tiempo puede estar nublado, lluvioso o nevoso. El tiempo puede cambiar cada hora, cada día o temporada. Puede llover en la mañana y luego haber sol en la tarde.

Pronóstico para el invierno en Estados Unidos
Temperatura

Más frío
>40%

Más frío
>40%

>33%

Probabilidades iguales

Probabilidades iguales

>33%

>33%

>33%

>40%

>50%

Más calor

>40%

>33%

Probabilidades iguales

Un mapa meteorológico indica la probabilidad de que las regiones experimenten un invierno más frío o más cálido.

El Sol no calienta la Tierra uniformemente. Las áreas donde los rayos del sol son más directos, como el Ecuador, están calientes durante la mayor parte del año. Las áreas, como los polos, que reciben los rayos más indirectamente son más frías durante la mayor parte del año.

El calentamiento desigual procedente del Sol pone a la atmósfera de la Tierra en movimiento. El aire caliente es más liviano y se eleva. El aire frío es más pesado y baja. El aire se calienta en el Ecuador, luego sube y empieza a moverse hacia los polos. En los polos, el aire más fresco y **denso** baja y retrocede hacia el Ecuador donde reemplaza al aire caliente y el ciclo comienza nuevamente. Este intercambio de aire caliente y frío afecta el clima.

La presión atmosférica

En el aire de la atmósfera las moléculas tienen peso. Los científicos miden la **presión atmosférica** con un instrumento llamado barómetro. Las áreas con más moléculas tienen aire más denso, o más pesado. Las llamamos zonas de alta presión. El aire con menos moléculas, menos denso, es un área de baja presión.

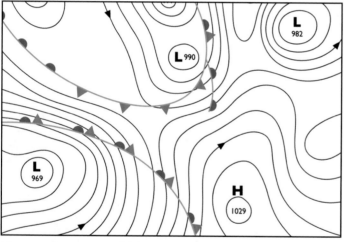

En un mapa meteorológico, L representa un área de baja presión, mientras que H representa una zona de alta presión.

La atmósfera

La atmósfera es la capa de gases que rodea la Tierra. La atmósfera está compuesta principalmente por nitrógeno (78 %) y oxígeno (21 %). Esta contiene pequeñas cantidades de otros gases como el dióxido de carbono y el vapor de agua. La atmósfera llega hasta 372 millas (600 km) de la superficie terrestre. En las capas más cercanas a la superficie es donde ocurren los fenómenos climáticos que experimentamos.

La atmósfera está dividida en cinco capas principales.

Viento

No puedes verlo, pero lo puedes sentir. El aire se mueve desde áreas de alta presión hacia áreas de baja presión. Cuanto mayor sea la diferencia de presión, más rápido se mueve el aire.

Las personas describen el viento por su dirección y velocidad. La dirección del viento es la dirección desde donde sopla el viento. Los vientos también tienen distintas velocidades. La escala Beaufort divide las velocidades del viento en 12 categorías diferentes. En calma, los vientos se mueven a menos de 1 milla por hora (1.6 kilómetros por hora). Los vientos huracanados soplan a más de 73 millas por hora (118 kilómetros por hora).

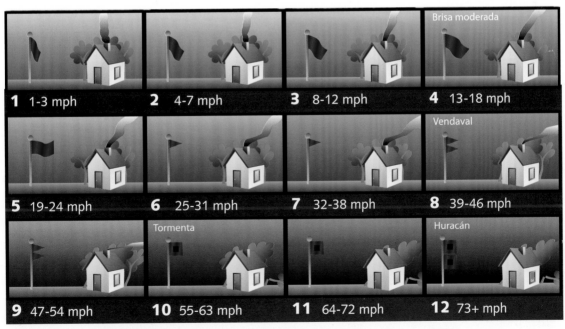

El señor Francis Beaufort, de Inglaterra, diseñó la Escala de Beaufort, en 1805, después de observar los efectos del viento.

Nubes

Cuando el viento sopla en zonas de baja presión, fuerza al aire a moverse hacia arriba. Cuando el aire caliente que contiene el vapor de agua sube, se enfría. El **vapor de agua** enfriado se transforma en gotitas de agua pequeñas. El agua no es lo suficientemente voluminosa o pesada como para caer a la Tierra. Estas gotitas se combinan con las partículas de polvo en la atmósfera para formar las nubes. A veces una nube se pone gris o negra. Esto sucede porque la nube se vuelve tan densa que la luz del Sol no puede traspasarla.

El ciclo de la lluvia

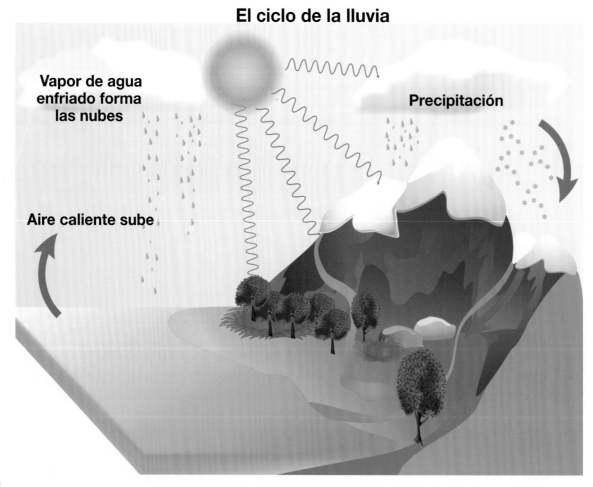

Vapor de agua enfriado forma las nubes

Aire caliente sube

Precipitación

Precipitación

Cuando el agua de las nubes se torna demasiado pesada, cae a la Tierra como **precipitación**. La precipitación puede ser lluvia, nieve, aguanieve o granizo.

La lluvia es agua líquida que cae de las nubes. En el camino, diminutas gotas de agua recogen más agua y crecen hasta que salpican sobre la superficie de la Tierra. A veces la lluvia líquida se congela mientras cae y se convierte en aguanieve.

Cuando la **temperatura** del aire está fría, cae nieve. La nieve se forma cuando el aire frío hace que el vapor de agua se convierta directamente de un gas a partículas de hielo sólido.

El granizo se forma en las nubes de tormenta. Los granizos crecen cuando las gotas de agua fría se congelan sobre ellos. Cuando las bolas de hielo se vuelven muy pesadas, caen a la Tierra como granizo.

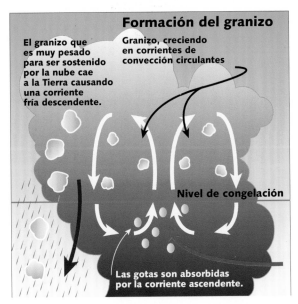

Formación del granizo

El granizo que es muy pesado para ser sostenido por la nube cae a la Tierra causando una corriente fría descendente.

Granizo, creciendo en corrientes de convección circulantes

Nivel de congelación

Las gotas son absorbidas por la corriente ascendente.

Una corriente ascendente rápida causará que el granizo sea más grande.

¿Sabías que...?

El granizo más grande registrado pesó más de 1.5 libras (0.7 kg).

Tiempo cambiante

El tiempo puede cambiar todos los días, a veces en unas horas. Estos cambios son causados por la colisión de grandes **masas de aire**. Cuando dos masas de aire chocan, forman un frente o límite entre ellas. El frente crea cambios de: temperatura, viento, presión atmosférica y precipitación.

En un mapa meteorológico los triángulos azules representan un frente frío, y los triángulos rojos representan un frente cálido.

Un frente frío próximo puede oscurecer el cielo, formar nubes y provocar tormentas fuertes.

Cuando una masa de aire fría choca con una masa de aire cálido se forma un frente frío. El aire frío es más denso y más pesado que el aire caliente. Las cuñas de aire frío se meten debajo del aire caliente, forzándolo hacia arriba. Usualmente esto forma fuertes tormentas. Pero cuando el frente pasa, el cielo se despeja y bajan las temperaturas.

Un frente cálido se forma cuando una masa de aire caliente se mueve hacia una masa de aire frío. El aire caliente menos denso se desliza sobre el aire más frío. En lugar de violentas tormentas, los frentes cálidos traen precipitaciones más ligeras y más estables. Los frentes cálidos puede durar días porque se mueven lentamente.

Ciclos del tiempo

La Tierra se mueve constantemente y viaja en una órbita elíptica alrededor del Sol. También gira o da vueltas en torno a su eje. Los movimientos de la Tierra causan el día y la noche, las estaciones y las diferencias de temperatura en el planeta.

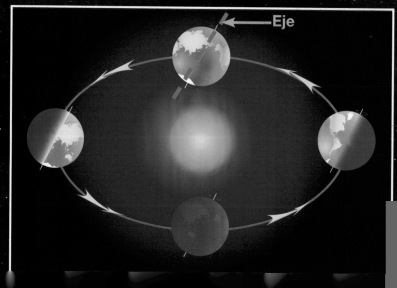

En el ecuador de la Tierra, los rayos del Sol son más directos. Las zonas cercanas al Ecuador son algunas de las más calientes del planeta. En los polos, los rayos del Sol inciden con una inclinación. Menos energía solar llega a ellos, haciéndolos más fríos. En las zonas entre los polos y el ecuador, el ángulo de los rayos del Sol cambia dependiendo de la época del año.

En el verano, cuando la Tierra está más cerca del Sol, los rayos son más directos y hay más horas de sol que en invierno. Es por ello que los días de verano son generalmente más calientes y largos que los días de invierno.

CAPÍTULO DOS

Mal tiempo

A veces el tiempo puede ser dramático y violento. Cada año, el mal tiempo hiere y mata a personas y destruye propiedades.

Tormentas eléctricas

¡Bum! El trueno te advierte que permanezcas en tu casa. Las tormentas eléctricas peligrosas producen rayos. Además de rayos, las tormentas pueden traer inundaciones, vientos fuertes, granizo y tornados.

Para formarse, una tormenta eléctrica necesita aire húmedo e inestable moviéndose hacia arriba y algo que levante ese aire. Cuando el aire cálido y húmedo se eleva en la atmósfera, se enfría y forma las nubes cargadas de agua.

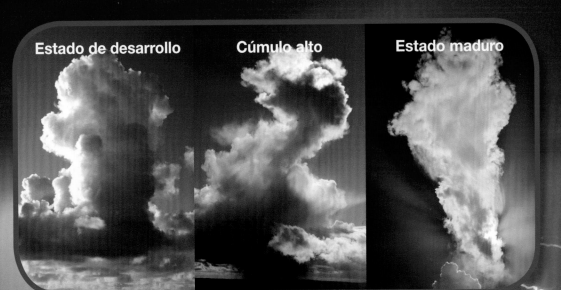

Estado de desarrollo **Cúmulo alto** **Estado maduro**

Las tormentas se forman en tres etapas. Durante la etapa de cúmulos, fuertes corrientes ascendentes construyen la tormenta. La etapa madura tiene fuertes precipitaciones y corrientes frías descendentes.

El rayo es la **descarga** eléctrica de las cargas positivas y negativas de la nube. La descarga de un rayo calienta repentinamente los gases en la atmósfera. Esto provoca una explosión, que es el ruido que escuchas como trueno.

Tornados

Un tornado es una de las tormentas más violentas de la naturaleza. La nube en forma de embudo de un tornado está formada por aire móvil, polvo y otros escombros. Puede girar tan rápido como 300 millas por hora (480 kilómetros por hora). Los vientos potentes de un tornado pueden tumbar árboles, demoler edificios y lanzar coches por el aire.

Benjamin Franklin y su hijo William volando una cometa durante una tormenta.

Cazadores de tormentas

escombros

Los tornados se forman en condiciones cálidas y húmedas. Antes de que se forme una tormenta eléctrica, los vientos cercanos a la superficie de la Tierra soplan en una dirección, mientras que los vientos más altos en la atmósfera soplan en otra dirección. Esto crea una masa de aire con una rotación horizontal. Cuando el aire giratorio llega a una tormenta, la tormenta tira el aire giratorio a una columna vertical.

La lluvia y el granizo de la tormenta causan el embudo que se extiende desde la nube hasta el suelo. Esto crea un tornado. El embudo giratorio del tornado genera vientos violentos.

A. Cuando un tornado se forma, una columna de aire comienza a girar. Esto puede ocurrir cuando los vientos en dos altitudes diferentes soplan en dos direcciones distintas.

B. La columna rotativa es atrapada por una corriente hacia arriba que concentra su giro y la acelera. Al girar más rápido forma una nube en forma de embudo.

C. La lluvia y el granizo en la tormenta hacen que la nube en forma de embudo toque tierra, creando un tornado.

Huracanes

¡Los huracanes son tormentas enormes! Con fuertes vientos, lluvias y **marejadas** mortales, los huracanes son muy destructivos. Los vientos huracanados destruyen casas y edificios. Su oleaje de tormenta causa que el agua del océano se eleve rápidamente e inunde ciudades costeras. Las intensas lluvias crean inundaciones a cientos de millas hacia el interior.

Los cazadores de huracanes vuelan dentro de los huracanes para recolectar datos meteorológicos.

Los meteorólogos utilizan imágenes de satélite y modelos computarizados para rastrear y predecir el tamaño y la trayectoria de un huracán en Florida.

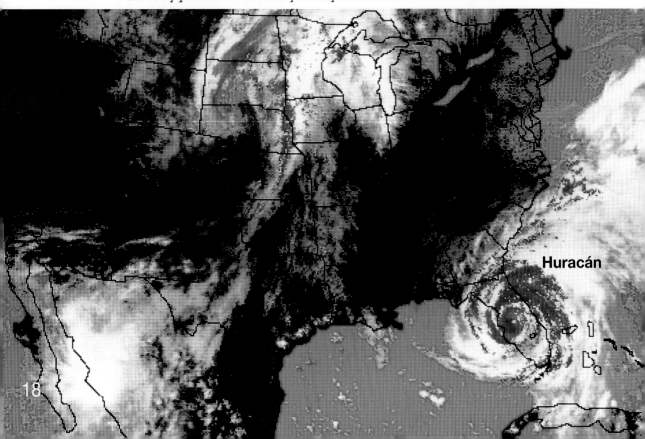

Huracán

Los huracanes se forman en regiones tropicales. Necesitan agua caliente de al menos 80 grados Fahrenheit (27 grados centígrados), humedad alta, vientos ligeros y temperaturas superficiales calientes. El aire caliente y húmedo se eleva para formar nubes, dejando un área de baja presión cerca de la superficie. El aire alrededor del área de baja presión comienza a girar en una espiral.

Al **evaporarse** más agua del océano, esta se eleva, se enfría y forma nubes de lluvia torrencial. Las nubes son atrapadas en la violenta espiral rotativa. En el centro de la espiral, se forma el ojo del huracán. Aunque es la parte más tranquila de la tormenta, hace entrar más aire caliente y húmedo en el sistema giratorio. Esto aumenta la fuerza del huracán y su tamaño.

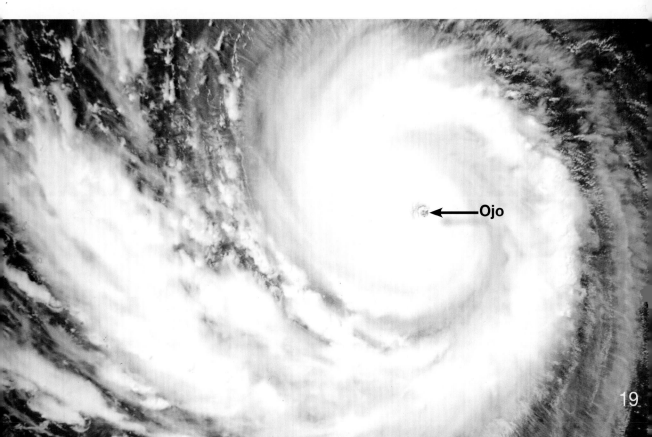

Ojo

Tormenta de nieve

¡Está nevando! Si el viento sopla fuerte, deberías olvidar el trineo y permanecer adentro. Las tormentas de nieve son las tormentas de invierno más peligrosas. Una tormenta de nieve tiene grandes cantidades de nieve y vientos de más de 35 millas por hora (56 kilómetros por hora). Estas condiciones duran por más de 3 horas.

El viento con nieve puede causar condiciones de ventisca, donde la gente no puede ver cuando maneja o camina. La nieve puede bloquear las carreteras y causar accidentes. Debido a las temperaturas frías severas de una tormenta de nieve, permanecer al aire libre durante una tormenta de invierno puede causar congelación o hipotermia.

Las tormentas de nieve se forman a menudo en el lado noroeste de un sistema de tormentas intensas. Los fuertes vientos se desarrollan cuando una masa de aire de alta presión que viene del oeste llega a la zona de baja presión de la tormenta. La diferencia de presión provoca fuertes vientos. Estos vientos fuertes recogen la nieve del suelo, o la nieve que cae desde el cielo. ¡El viento enceguecedor y la nieve, han formado una ventisca afuera!

¿Sabías que...?

El viento puede hacerte sentir más frío que la temperatura exterior registrada. Muchos pronósticos incluyen una temperatura con factor del viento. Este número es una medida de cuán frío el viento te hace sentir al aire libre.

Prepárate para una tormenta

Como el mal tiempo puede ser extremadamente peligroso, estar preparado puede ayudarte a protegerte durante una tormenta. Para prepararse para el mal tiempo, algunas personas hacen un kit de desastre. El kit incluye suministros como alimentos, medicina, agua, linternas, pilas y una radio de pilas. Puedes utilizar el kit si se va la luz o quedas atrapado por una tormenta.

Elaborar un plan es una manera importante de prepararse para una tormenta. Saber adónde ir y qué hacer en caso de tormenta. Decidir dónde encontrarte con la familia o cómo comunicarte con los demás.

Un kit de emergencia debe estar equipado con elementos necesarios para sobrevivir durante unos días en una tormenta.

Tapiar las ventanas antes de que una tormenta llegue puede prevenir daños.

Asegurar tu hogar puede ayudarte a prepararte para una tormenta. Antes de un huracán, la gente tapa las ventanas y guarda los muebles del jardín que podrían convertirse en objetos peligrosos con vientos fuertes. Antes de una tormenta de nieve, la gente busca palas y descongelante, y se aseguran de que sus sistemas de calefacción funcionan correctamente.

El servicio meteorológico y las autoridades locales informan a la gente sobre las tormentas que se aproximan. A veces, si una tormenta es extremadamente peligrosa, los funcionarios locales le piden a la gente que **evacuen** o abandonen la zona.

RUTA DE EVACUACIÓN

CAPÍTULO TRES

El clima de la Tierra

¿Te has preguntado por qué algunos lugares son siempre calientes y secos, mientras que otros son fríos y con nieve? ¿Por qué hay bosques, desiertos y praderas? La respuesta es el **clima**.

El clima es el patrón del tiempo promedio en un área durante muchos años. Incluye el patrón de condiciones climáticas de una zona, sus estaciones y los fenómenos climáticos especiales como tornados o inundaciones.

Desierto del Sahara

ÁFRICA

El desierto del Sahara es el desierto caliente más grande del mundo. El norte presenta un rango alto en su variación de temperaturas, de inviernos fríos a veranos calientes, y hasta dos temporadas lluviosas. El sur tiene un clima seco, tropical, con solo una temporada lluviosa.

¿Sabías que...?

En los Estados Unidos, Minneapolis tiene un clima frío y nevoso, mientras que San Diego tiene un clima cálido y soleado.

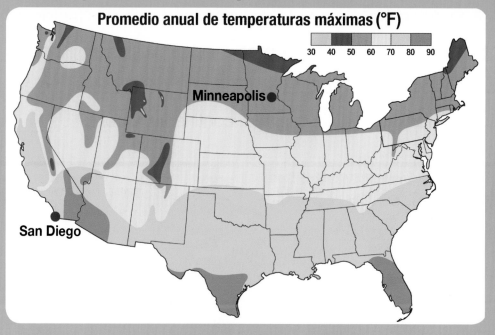

Promedio anual de temperaturas máximas (°F)

Zonas climáticas de la Tierra

El clima de un área se puede describir mediante dos factores importantes: la temperatura y la precipitación. El sistema Koppen de clasificación del clima divide a la Tierra en cinco zonas climáticas principales: tropical, seca, templada, continental y polar.

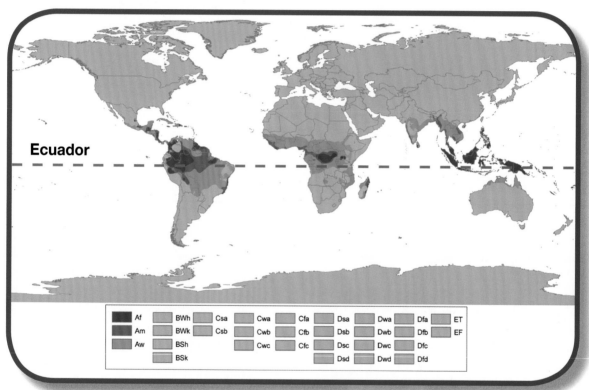

Las zonas tropicales están por lo general cerca del Ecuador. Tienen altas temperaturas y grandes cantidades de lluvia durante todo el año.

Las zonas secas tienen poca lluvia. Las temperaturas pueden variar mucho cada día. Yuma, Arizona está en una zona seca. Las áreas con veranos calientes y húmedos e inviernos suaves están en zonas templadas. La mayor parte del sudeste de los Estados Unidos está en la zona templada.

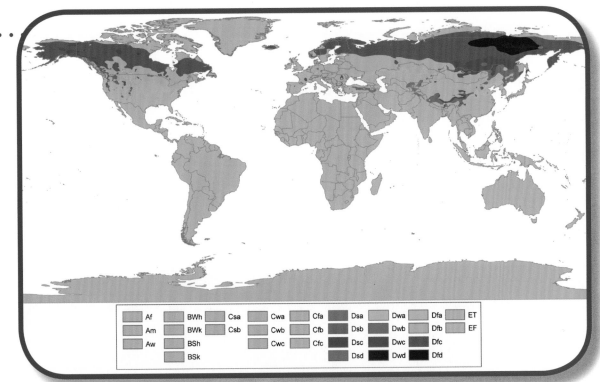

Af	BWh	Csa	Cwa	Cfa	Dsa	Dwa	Dfa	ET
Am	BWk	Csb	Cwb	Cfb	Dsb	Dwb	Dfb	EF
Aw	BSh		Cwc	Cfc	Dsc	Dwc	Dfc	
	BSk				Dsd	Dwd	Dfd	

Las zonas de clima continental, marcadas con color en el mapa, se encuentran en las zonas del norte de América del Norte, Europa y Asia.

Las zonas continentales tienen veranos tibios e inviernos fríos. Los inviernos de las zonas continentales tienen temperaturas muy bajas, fuertes vientos y tormentas de nieve. En los Estados Unidos, algunos estados del norte como Wisconsin y Maine están en la zona continental.

Las zonas polares tienen temperaturas frías a lo largo del año. El mes más caliente tiene temperaturas de menos de 50 grados Fahrenheit (10 grados Celsius). Las zonas costeras del norte de Norteamérica, Europa, Asia, Groenlandia y la Antártida son zonas polares.

¿Sabías que...?

El sistema de clasificación de Koppen fue desarrollado por el climatólogo alemán Wladimir Koppen a principios del siglo XX.

¿Qué factores afectan el clima?

Hay muchos factores naturales que afectan al clima. Uno de los factores más importantes es la **latitud** de la zona o la distancia desde el Ecuador. A medida que te alejas del Ecuador, los rayos del sol son menos directos e intensos.

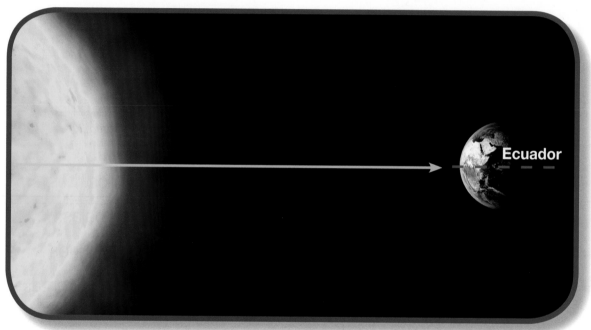

Los rayos del Sol llegan más directamente a las zonas cercanas al Ecuador terrestre. Esto provoca que en las regiones cercanas al Ecuador haya temperaturas más altas que en cualquier otra parte del mundo.

El clima también puede ser afectado por la **altitud** de una región. En las zonas altas, el aire es menos denso. El aire menos denso no puede absorber y mantener el calor tan fácilmente como aire más denso. Como resultado, estas regiones son más frías que las zonas de altitud inferiores. Las zonas de gran altitud, como las montañas, también pueden tener más precipitación que las zonas más bajas.

Las corrientes del océano pueden aumentar o reducir las temperaturas. La corriente del Golfo es una corriente oceánica que afecta a los Estados Unidos. Esta cálida corriente fluye desde el Golfo de México, hacia el norte por la costa este de los Estados Unidos. Trae aire caliente desde el Golfo de México. El estar cerca de la costa también puede hacer a un área más fría y húmeda que zonas en el interior. Las áreas que están más lejos del océano pueden ser calurosas y secas porque la humedad proveniente del océano se evapora antes de llegar al interior.

La dirección del viento también puede afectar el clima. Los vientos cálidos que soplan desde una región caliente elevan las temperaturas. Los vientos fríos de las zonas más frías bajan las temperaturas. Los vientos que soplan desde el océano a menudo traen lluvias a las zonas costeras, pero llevan tiempo seco a las regiones del interior.

CAPÍTULO CUATRO

El clima cambiante

El tiempo cambia cada día. El Sol puede brillar un día, mientras la lluvia puede caer al día siguiente. Con el tiempo, el clima también puede cambiar. El cambio climático ocurre cuando hay un cambio significativo en temperatura, precipitación o patrones de viento que se extiende durante un período largo de tiempo.

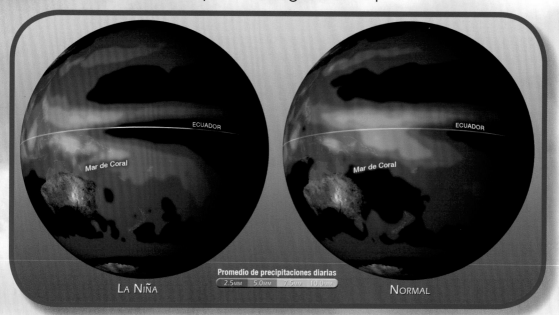

La Niña, un enfriamiento anormal de las aguas oceánicas en el Pacífico central y oriental, crea un cambio en los patrones de precipitaciones del Pacífico. La Niña puede traer inundaciones provocadas por las lluvias y huracanes a algunas áreas, causando sequía en otras. Al contrario de La Niña, El Niño, provoca el calentamiento de la superficie del océano en el océano Pacífico central y oriental y también puede causar fuertes lluvias, huracanes y sequías.

El clima cambiará si cambian los factores que lo afectan. Los cambios en la órbita terrestre alrededor del Sol afectan la cantidad de luz solar que recibe una región. La intensidad de los rayos del Sol también puede cambiar con el tiempo. Ambos eventos afectan las temperaturas y el clima. Los cambios en la manera en que el océano circula el agua fría y caliente a diferentes regiones, pueden conducir también al cambio climático.

Energía de radiación UV (Vatios por metro cuadrado)

UV Index						
2	4	6	8	10	12	14

0   0.05   0.10   0.15   0.20   0.25   0.30   0.35

El índice ultravioleta o UV mide la intensidad de la radiación ultravioleta del Sol. Es usado para ayudar a la gente a protegerse de la luz UV, que puede causar quemaduras, daños en los ojos, envejecimiento de la piel y cáncer de piel.

Calentamiento global

El **calentamiento global** también puede causar cambios en el clima. El calentamiento global es el aumento de las temperaturas en la atmósfera y los océanos. Las temperaturas más cálidas afectan los patrones de lluvia, tormentas, sequías, humedad y el nivel del mar.

Efecto invernadero

La superficie de la Tierra, calentada por el Sol, irradia calor. Ciertos gases en la atmósfera, llamados gases de efecto invernadero ayudan a que la atmósfera absorba el calor de la superficie terrestre de forma natural. Esto atrapa el calor en la atmósfera terrestre. Algunos gases de invernadero son el vapor de agua, el dióxido de carbono, el metano y el monóxido de dinitrógeno. Los cambios en los gases de efecto invernadero pueden afectar cuánto calor es atrapado en la atmósfera. Si hay demasiados, afectan los climas y las temperaturas globales.

Una parte de la luz solar es reflejada por la superficie de la Tierra. Otra se transforma en calor.

El CO_2 y otros gases de la atmósfera atrapan el calor, manteniendo caliente a la Tierra.

ATMÓSFERA

Los científicos han estudiado durante años el calentamiento global. Algunas personas creen que el calentamiento global y el cambio climático son parte de los ciclos naturales de la Tierra. Otros creen que las actividades humanas pueden causar el cambio climático. La quema de combustibles fósiles o la tala de bosques aumenta la cantidad de gases de efecto invernadero en la atmósfera. Se cree que más gases de invernadero atraparán más calor en la atmósfera y esto provocará el calentamiento global.

Efectos del cambio climático

La mayoría de los científicos cree que el clima está cambiando. Un panel de científicos informó que en los últimos 100 años, la temperatura de la superficie de la Tierra ha aumentado un promedio de 1.1 grados Fahrenheit (0.6 grados centígrados). Esto puede o parecer una gran diferencia. Sin embargo, incluso un pequeño cambio de temperatura puede afectar los climas del mundo.

Glaciar Perito Moreno, en la Patagonia, Argentina

Al aumentar las temperaturas globales, los glaciares y el hielo del Ártico se derriten. El derretimiento del hielo se convierte en agua dulce que va a los océanos. Esto puede cambiar las temperaturas y las corrientes oceánicas. Además, el derretimiento del hielo puede causar el aumento del nivel del mar. Los científicos dicen que el derretimiento del hielo del mar puede causar que el nivel de este aumente de 10 a 20 pies (3 a 6 metros) en los próximos 200 años. Estos cambios en el océano pueden poner en peligro los arrecifes de coral, los humedales y las ciudades costeras del mundo.

Tendencia a largo plazo de los niveles del mar en los Estados Unidos

Las tendencias relativas locales del nivel del mar han sido calculadas en 117 áreas de Estados Unidos usando datos de al menos 30 años. Más de la mitad de las estaciones muestran tendencias de aumento de más de 2 mm por año. Esta cifra muestra tendencias regionales (nótese que las estaciones individuales podrían variar).

1-3 mm/año

1-3 mm/año

1-3 mm/año

3-5 mm/año

5-10 mm/año

1-3 mm/año

1+ mm/año

5+ mm/año

Alaska

1-3 mm/año

Hawaii

Puerto Rico

Territorios de las islas del Pacífico 0-3 mm/año

Los cambios climáticos pueden afectar los patrones del clima de una región. Algunos lugares pueden llegar a ser más cálidos, mientras que otros se enfriarán. La precipitación puede aumentar o disminuir. Muchos científicos creen que el cambio climático también puede aumentar el riesgo de fenómenos climáticos extremos. Las temperaturas más altas en algunas regiones pueden conducir a sequías o a olas de calor extremas. En otras áreas, el aumento de las precipitaciones puede traer inundaciones.

Durante una sequía, muchos arroyos y ríos se secan por falta de lluvia. Los ecosistemas locales también pueden ser seriamente afectados por una sequía.

El cambio climático también puede afectar a los ecosistemas. Los ecosistemas están constituidos por plantas y animales que conviven en un hábitat. Los cambios de tiempo pueden provocar cambios en las temperaturas haciéndolas demasiado calientes o frías, y en la humedad o sequedad de los lugares. Esto puede impedir el crecimiento de las plantas. Los animales que se alimentan de esas plantas no serán capaces de encontrar comida. Se verán obligados a encontrar otro alimento o morir. Los animales que no pueden sobrevivir en su hábitat natural deben mudarse a otro hábitat. Mientras las plantas y animales se mudan y mueren, los ecosistemas cambian.

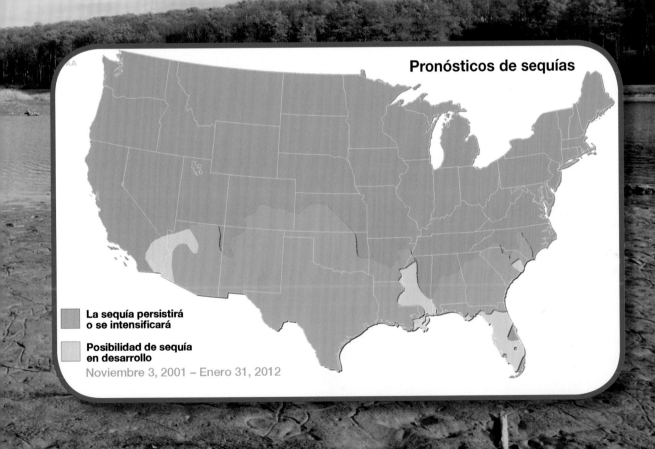

Pronósticos de sequías

La sequía persistirá o se intensificará

Posibilidad de sequía en desarrollo

Noviembre 3, 2001 – Enero 31, 2012

CAPÍTULO CINCO

Estudiando el tiempo y el clima

La **meteorología** es más que mirar un mapa meteorológico. Es la ciencia de la comprensión y predicción del tiempo a corto plazo y de las condiciones climáticas a largo plazo. Los científicos meteorólogos estudian la atmósfera para aprender sobre el clima y cómo predecirlo. A menudo pasan tiempo en un laboratorio, leyendo gráficos generados por computadora. Ellos revisan las imágenes de los **satélites** y estudian los datos de los **radares**.

Los meteorólogos utilizan esta información para emitir previsiones meteorológicas o alertar al público sobre eventos meteorológicos severos. Algunos meteorólogos investigan la atmósfera y cómo cambia.

Un meteorólogo utiliza modelos computarizados para analizar y predecir los patrones climáticos.

¿Sabías que...?

El gobierno de los Estados Unidos es el organismo que más meteorólogos emplea.

Predicción del tiempo

Los científicos predicen el tiempo a diario. Estudian la información proveniente de las estaciones meteorológicas. Usan imágenes de satélite para determinar las condiciones meteorológicas y rastrear las masas de aire grandes alrededor de la Tierra. Como las masas de aire son por lo general previsibles, los científicos pueden predecir modelos meteorológicos futuros. Las nuevas tecnologías ayudan a los científicos a hacer mejores y más completos pronósticos del tiempo.

Una estación meteorológica toma datos que incluyen temperatura, humedad, velocidad y dirección del viento.

Radar Doppler meteorológico

Radar Doppler

El radar Doppler permite a los meteorólogos ver las condiciones meteorológicas sobre un área grande de la Tierra. Como un radar ordinario, el radar Doppler muestra dónde hay precipitación y cuán fuerte es. El radar Doppler también puede informar sobre la dirección y velocidad del viento, los frentes cálidos y los frentes fríos.

Los camiones Doppler móviles llegan cerca de las tormentas severas, los huracanes y los tornados a reunir información sobre el viento y la precipitación.

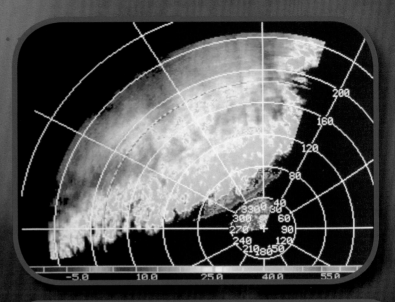

Una imagen de radar Doppler muestra fuertes precipitaciones sombreados en naranja, con precipitaciones más ligeras sombreadas en verde.

Instrumentos de observación

Los meteorólogos utilizan una variedad de instrumentos de observación para estudiar el clima. Las estaciones meteorológicas recopilan datos en tierra. Los científicos lanzan miles de boyas flotantes en el océano. Las boyas miden la temperatura del agua, las corrientes oceánicas y el nivel del mar. Los científicos también envían globos meteorológicos a la atmósfera. Estos globos enormes llevan instrumentos de observación que toman medidas. Cuando estallan los globos, unos paracaídas llevan los instrumentos lentamente a la Tierra.

Los barcos y aviones actúan como estaciones meteorológicas móviles. Registran datos meteorológicos dondequiera que van. Los aeroplanos de alto-vuelo dejan caer sensores con paracaídas llamados sondas de caída. Los sensores de caída incluso pueden caer en un huracán. Miden la temperatura, presión, humedad y el viento de la tormenta.

Boya

Globo meteorológico

Sonda de caída

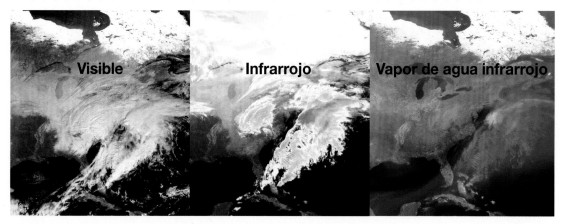

Visible | Infrarrojo | Vapor de agua infrarrojo

El satélite GOES-Este muestra cómo una tormenta se acerca al noreste de los Estados Unidos, aparece usando imágenes de infrarrojo, visibles y de infrarrojo de vapor de agua. La imagen visible fue tomada durante las horas diurnas y proporciona imágenes altamente detalladas de las características de las nubes. La imagen infrarroja muestra la intensidad de la tormenta, con áreas más intensas sombreadas en color naranja. La imagen de vapor de agua infrarrojo muestra áreas de alta humedad y vapor de agua sombreadas en azul.

Satélites

Los satélites meteorológicos orbitan la Tierra. Los satélites utilizan sensores para medir la temperatura, los vientos y otras informaciones sobre la atmósfera. Las imágenes satelitales muestran nubes y tormentas en la Tierra. Los satélites pueden fotografiar y medir toda la superficie de la Tierra. También pueden recopilar información en áreas remotas donde no hay estaciones meteorológicas.

Los satélites GOES-East y GOES-West viajan por el espacio, recopilando datos sobre la atmósfera terrestre y enviándolos a los científicos en la Tierra.

POES

GOES-West

GOES-East

Modelos computarizados

Los superordenadores potentes reúnen los datos recopilados por el radar, las estaciones meteorológicas y otros instrumentos de observación. Con estos datos, los superordenadores realizan cálculos matemáticos complejos y producen modelos computarizados que predicen el clima.

Los modelos computarizados complejos ayudan a los meteorólogos a preparar mapas meteorológicos y pronósticos detallados.

Estudiando el clima

Los científicos llamados climatólogos estudian el cambio climático y las diferencias entre los climas. También recopilan datos de todo el mundo usando globos meteorológicos, estaciones meteorológicas y boyas en los océanos. Ellos usan satélites para medir la actividad del Sol. Usan modelos informáticos que predicen cómo el clima afectará a las regiones y los hábitats. Los registros naturales ayudan a los científicos a comprender cómo era el clima hace mucho tiempo y cómo ha cambiado.

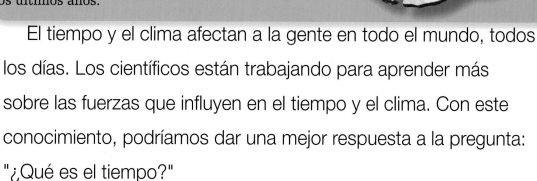

¿Sabías que...?

Los científicos examinan varios tipos de registros naturales. Las burbujas de aire atrapadas en el hielo glacial contienen pistas sobre cómo era la atmósfera hace miles de años. También analizan sedimentos en busca de pistas sobre los climas pasados. Los árboles también contienen pistas sobre los climas pasados. En un trozo de tronco de árbol, los científicos estudian sus anillos para determinar la edad del árbol. Los anillos de los árboles también muestran cuánta precipitación cayó en los últimos años.

El tiempo y el clima afectan a la gente en todo el mundo, todos los días. Los científicos están trabajando para aprender más sobre las fuerzas que influyen en el tiempo y el clima. Con este conocimiento, podríamos dar una mejor respuesta a la pregunta: "¿Qué es el tiempo?"

Glosario

altitud: altura de un área por encima del nivel del mar

atmósfera: la capa de gases que rodea a la Tierra

calentamiento global: aumento de la temperatura en la atmósfera y los océanos

clima: tiempo habitual en un lugar

denso: lo que pesa un objeto dado su tamaño

descarga: liberar una sustancia al aire libre

elíptico: de forma ovalada

evacuar: alejarse de una zona porque es peligrosa

evapora: cuando un líquido se transforma en vapor o gas

latitud: posición de un lugar, medido en grados al norte o al sur del ecuador

marejada: levantamiento rápido de las aguas del océano que provoca inundaciones costeras

masas de aire: grandes cuerpos de aire con similares niveles de humedad y temperatura

meteorología: estudio de la atmósfera de la Tierra, su clima y el tiempo

precipitación: caída de agua del cielo en forma de lluvia, aguanieve, granizo o nieve

presión atmosférica: la densidad o el peso del aire, que es mayor cerca de la tierra que a mayor altitud

radar: tecnología que encuentra objetos sólidos reflejando ondas de radio en ellos y captando las ondas reflejadas

satélite: nave espacial que orbita alrededor de la Tierra, la luna u otro cuerpo espacial

temperatura: grado de calor o frío en algo, generalmente medido con un termómetro

vapor de agua: gas producido cuando el agua se evapora

Índice

Sitios de la internet

www.education.noaa.gov/

www.epa.gov/climatechange/kids

www.theweatherchannelkids.com/

Sobre la autora

A Carla Mooney siempre le han fascinado el clima y las tormentas. Ella tiene una licenciatura de la Universidad de Pennsylvania y ha escrito más de 25 libros para jóvenes. Hoy día, ella observa el tiempo con su esposo y sus tres hijos cerca de Pittsburgh, Pennsylvania.

¡Pregúntale a la autora!
www.rem4students.com